Impressum
Verlag: BABADADA GmbH, Nedderfeld 112 , 22529 Hamburg
Geschäftsführer / Verlagsleitung: Harald Hof
Druck: Books on Demand GmbH, In de Tarpen 42, 22848 Norderstedt

Imprint
Publisher: BABADADA GmbH, Nedderfeld 112 , 22529 Hamburg, Germany
Managing Director / Publishing direction: Harald Hof
Print: Books on Demand GmbH, In de Tarpen 42, 22848 Norderstedt, Germany

şcoală

škola

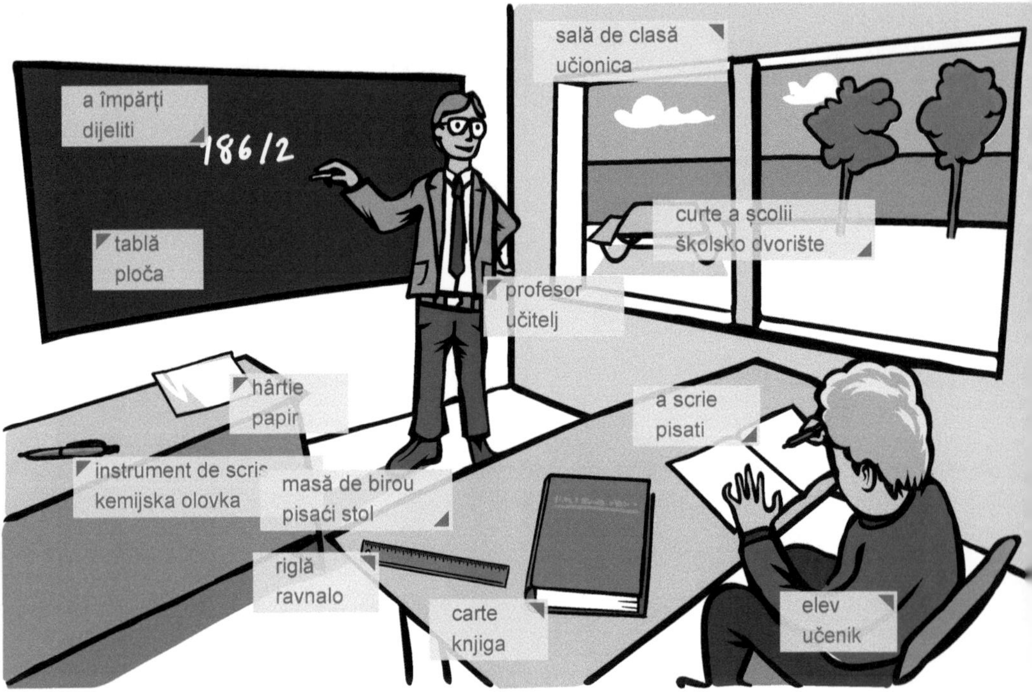
sală de clasă
učionica
a împărţi
dijeliti
186/2
tablă
ploča
curte a şcolii
školsko dvorište
profesor
učitelj
hârtie
papir
a scrie
pisati
instrument de scri
kemijska olovka
masă de birou
pisaći stol
riglă
ravnalo
carte
knjiga
elev
učenik

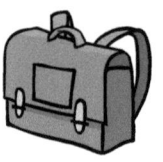

ghiozdan

torba

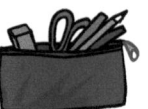

penar

pernica

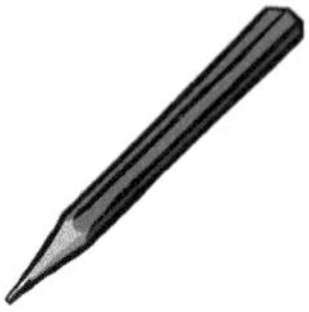

creion

grafitna olovka

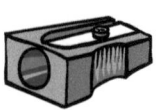

ascuţitoare

šiljilo za olovke

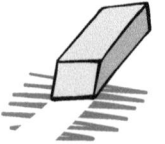

radieră

gumica za brisanje

bloc de desen

blok za crtanje

desen

crtež

pensulă

kist

cutie de acuarele

kutija s bojama

foarfece

makaze

lipici

ljepilo

caiet de exerciții

bilježnica

temă

domaći zadatak

12

număr

broj

2+2

a aduna

sabirati

5-2

a scădea

oduzimati

2×2

a multiplica

množiti

a calcula

računati

A

literă

slovo

ABCDEFG HIJKLMN OPQRSTU VWXYZ

alfabet

abeceda

hello

cuvânt

riječ

text

tekst

a citi

čitati

cretă

kreda

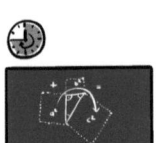

oră

sat

catalog

dnevnik

examen

ispit

certificat

svjedodžba

uniformă şcolară

školska uniforma

educaţie

obrazovanje

enciclopedie

leksikon

universitate

sveučilište

microscop

mikroskop

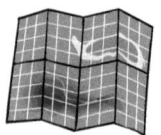

hartă

karta

coş de gunoi

košara za papir

călătorie
putovanje

hotel
hotel
Grand
hostel
prenoćište
ROOMS
casă de schimb valutar
mjenjačnica
valiză
kofer
autovehicul
auto

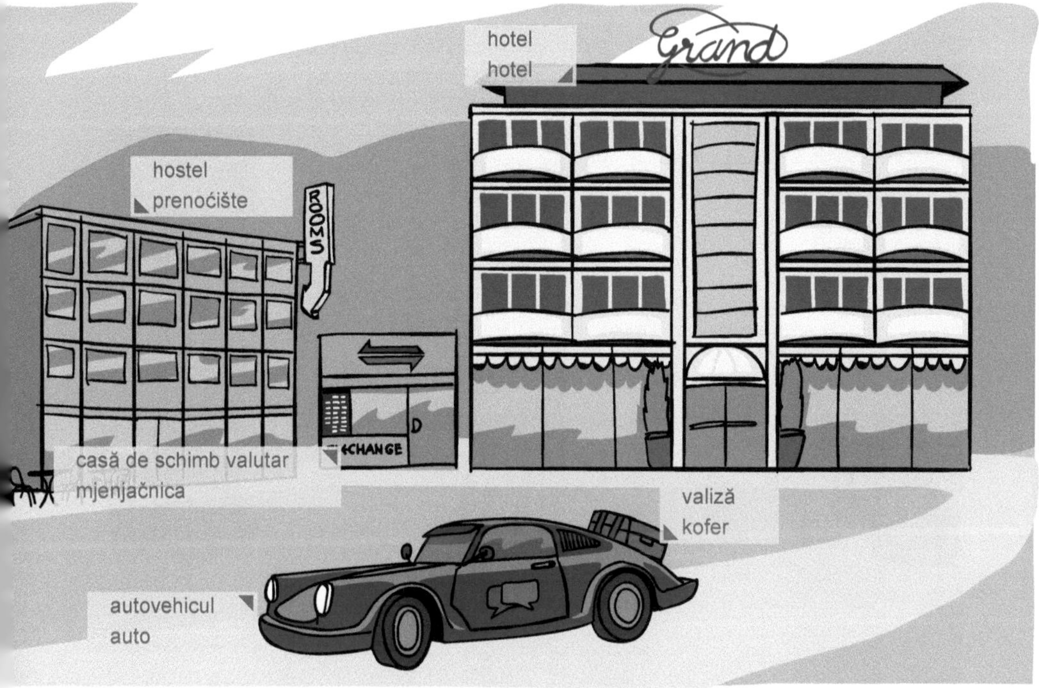

limbă

jezik

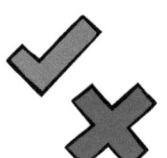

da/nu

da / ne

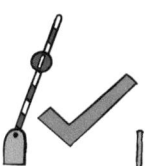

okay

okay

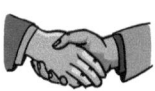

Bună!

zdravo

interpret

prevoditelj

mulțumesc

hvala

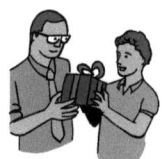

Cât costă…?

Koliko košta…?

Nu înțeleg

ne razumijem

problemă

problem

Bună seara!

dobro veče!

Bună dimineața!

Dobro jutro!

Noapte bună!

Laku noć!

la revedere

doviđenja

direcție

smjer

bagaj

prtljaga

geantă

torba

rucsac

ruksak

oaspete

gost

cameră

soba

sac de dormit

vreća za spavanje

cort

šator

punct de informare turistică
....
turističke informacije

plajă
....
plaža

carte de credit
....
kreditna kartica

mic dejun
....
doručak

masa de prânz
....
ručak

cină
....
večera

bilet de călătorie
....
karta za vožnju

lift
....
dizalo

timbru poştal
....
poštanska markica

graniţă
....
granica

vamă
....
carina

ambasadă
....
ambasada

viză
....
viza

paşaport
....
putovnica

călătorie - putovanje

transport
transport

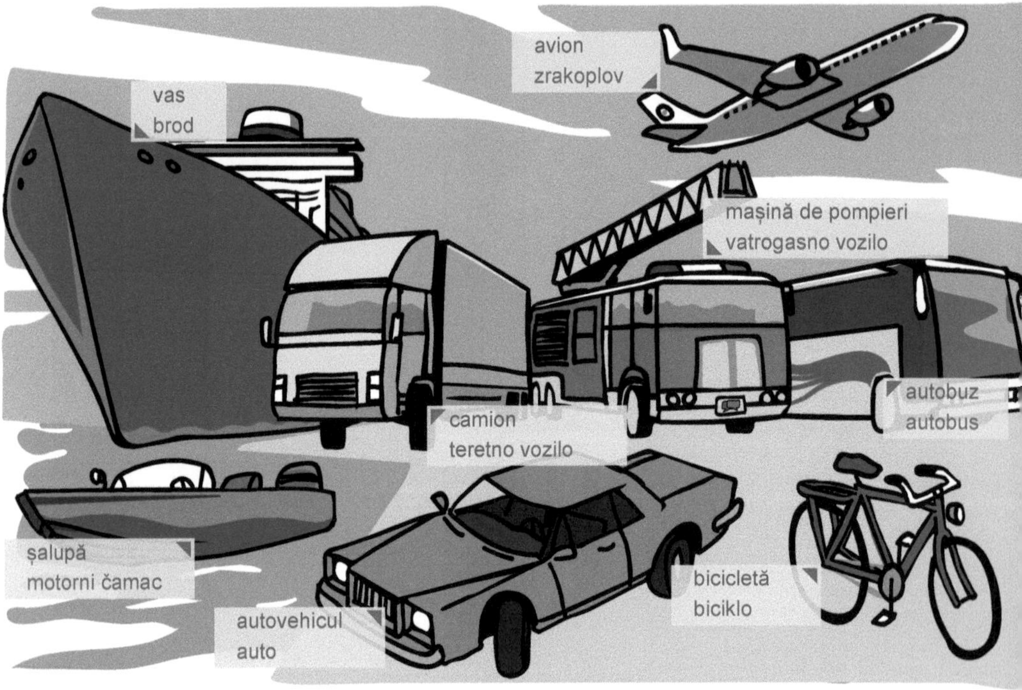
avion
zrakoplov
vas
brod
mașină de pompieri
vatrogasno vozilo
autobuz
autobus
camion
teretno vozilo
șalupă
motorni čamac
bicicletă
biciklo
autovehicul
auto

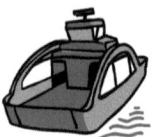

feribot

trajekt

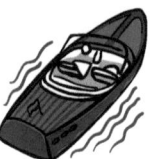

barcă

čamac

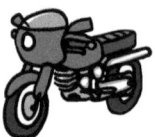

motocicletă

motocikl

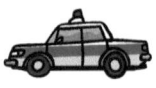

mașină de poliție

policijski auto

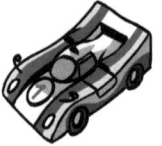

mașină de curse

trkaći auto

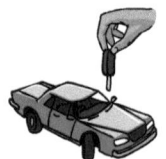

mașină închiriată

iznajmljeno auto

car sharing

dijeljenje automobila

mașină de tractat

vučno vozilo

mașină de gunoi

vozilo za odvoz smeća

motor

motor

combustibil

benzin

benzinărie

benzinska postaja

semn de circulație

prometni znak

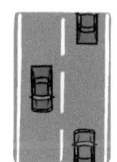

trafic

promet

ambuteiaj

zastoj

parcare

parkiralište

gară

kolodvor

șine

šine

tren

vlak

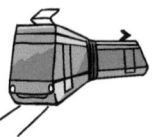

tramvai

tramvaj

vagon

vagon

elicopter
helikopter

aeroport
zrakoplovna luka

turn
toranj

pasager
putnik

container
kontejner

carton
karton

căruță
kolica

coș
košara

a decola/a ateriza
uzletjeti / sletjeti

oraș
grad

sat
selo

centru
centar grada

casă
kuća

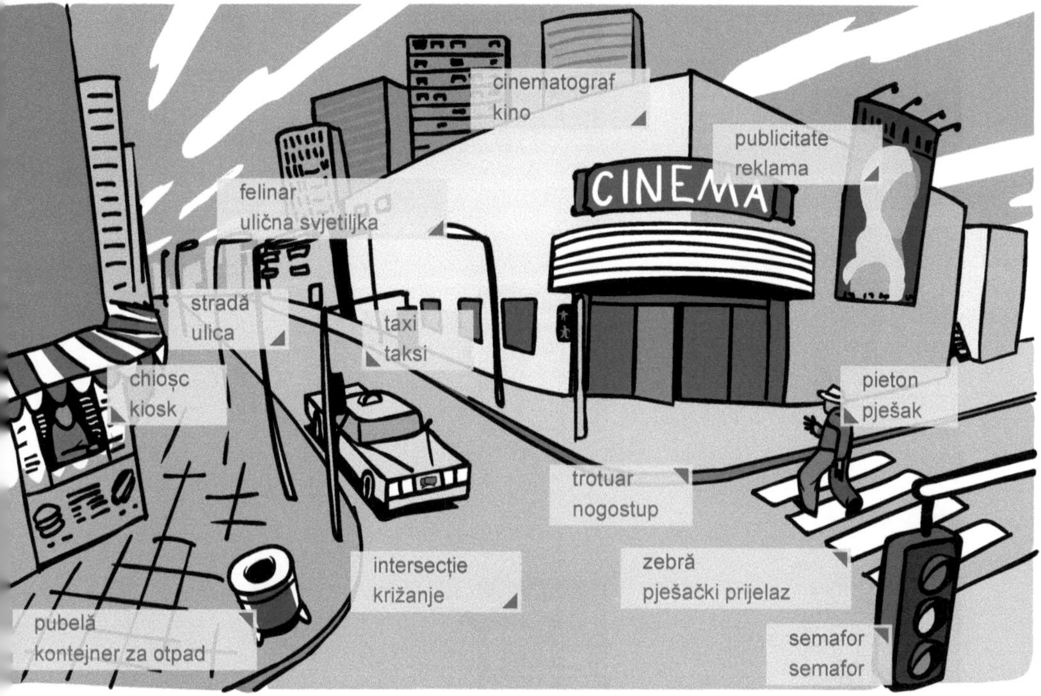

cinematograf
kino

publicitate
reklama

felinar
ulična svjetiljka

CINEMA

stradă
ulica

taxi
taksi

pieton
pješak

chioșc
kiosk

trotuar
nogostup

intersecție
križanje

zebră
pješački prijelaz

pubelă
kontejner za otpad

semafor
semafor

cabană
koliba

apartament
stan

gară
kolodvor

primărie
vijećnica

muzeu
muzej

școală
škola

oraș - grad

universitate

sveučilište

bancă

banka

spital

bolnica

hotel

hotel

farmacie

ljekarna

birou

ured

librărie

knjižara

magazin

prodavaonica

florărie

cvjećara

supermarket

supermarket

piață

trg

magazin universal

robna kuća

comerciant de pește

ribarnica

centru comercial

trgovački centar

port

luka

parc
park

bancă
klupa

pod
most

trepte
stepenice

metrou
podzemna željeznica

tunel
tunel

staţie de autobuz
autobusna stanica

bar
bar

restaurant
restoran

cutie poştală
poštansko sanduče

tăbliţă indicatoare cu
numele străzii
ulični znak

parcometru
parkirni sat

grădină zoologică
zoološki vrt

piscină
bazen

moschee
džamija

gospodărie țărănească

seosko gazdinstvo

poluare

zagađenje okoliša

cimitir

groblje

biserică

crkva

loc de joacă

igralište

templu

hram

peisaj
krajolik

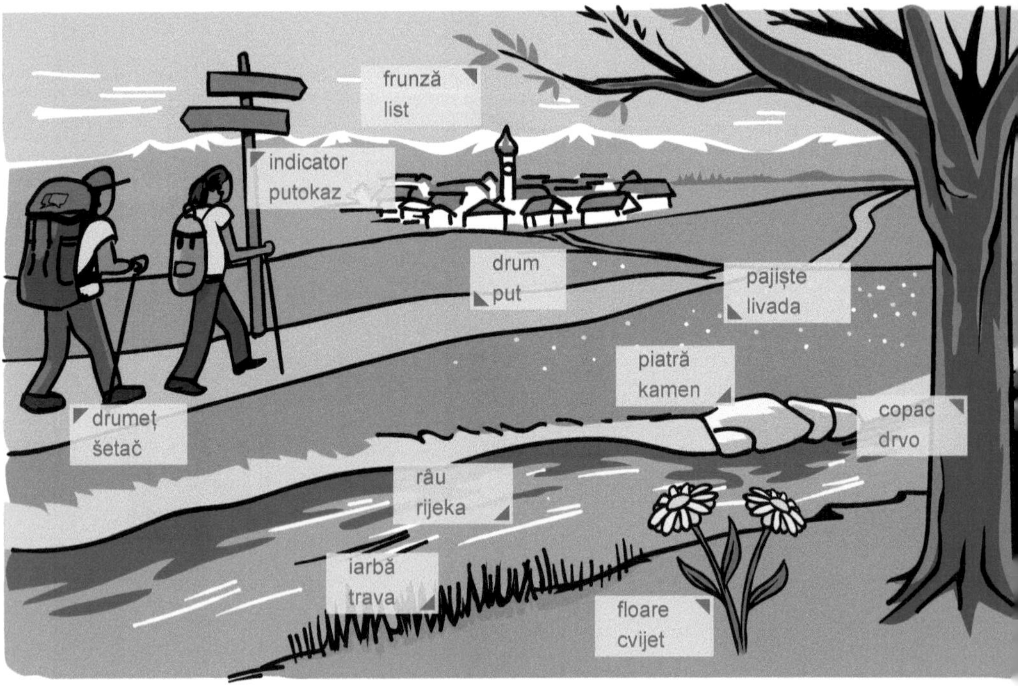

frunză
list

indicator
putokaz

drum
put

pajište
livada

piatră
kamen

copac
drvo

drumeț
šetač

râu
rijeka

iarbă
trava

floare
cvijet

vale
dolina

deal
planina

lac
jezero

pădure
šuma

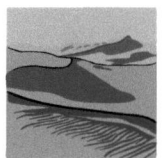

deșert
pustinja

vulcan
vulkan

castel
dvorac

curcubeu
duga

ciupercă
gljiva

palmier
palma

țânțar
moskito

muscă
muha

furnică
mrav

albină
pčela

păianjen
pauk

gândac
buba

broască
žaba

veveriță
vjeverica

arici
jež

iepure
zec

bufniță
sova

pasăre
ptica

lebădă
labud

porc mistreț
divlja svinja

cerb
jelen

elan
los

dig
nasip

turbină eoliană
vjetrenjača

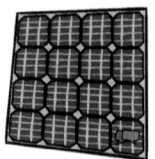

panou solar
solarna ploča

climă
klima

restaurant
restoran

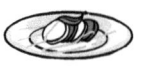

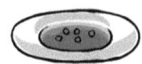

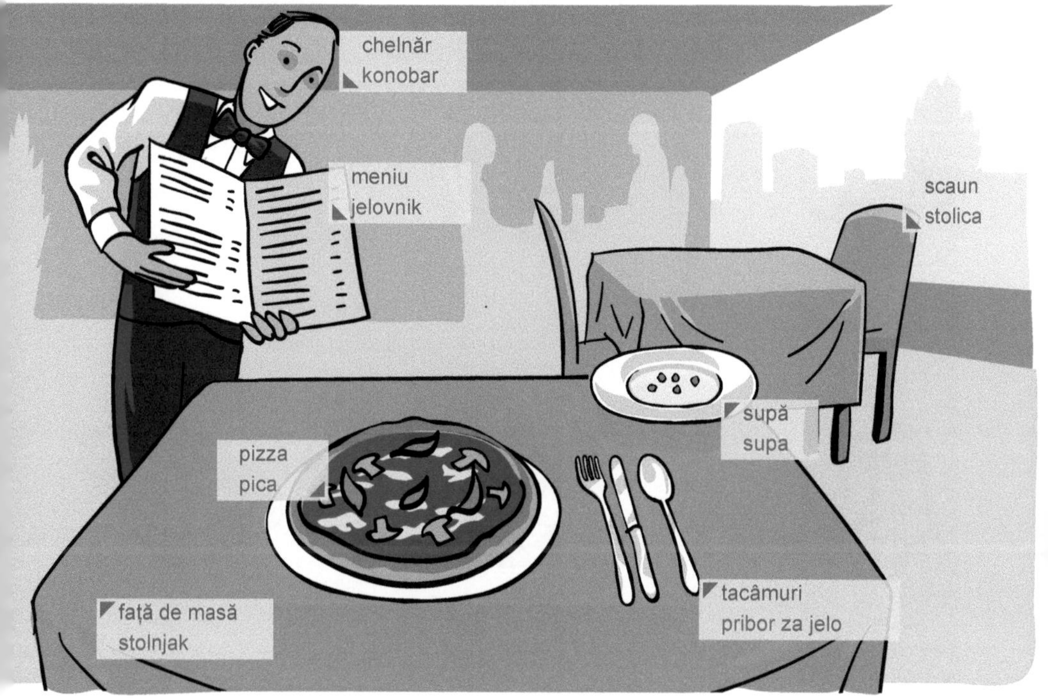
chelnăr
konobar
meniu
jelovnik
scaun
stolica
supă
supa
pizza
pica
fată de masă
stolnjak
tacâmuri
pribor za jelo

antreu

predjelo

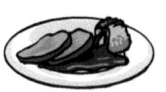

fel principal

glavno jelo

desert

desert

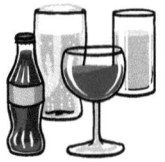

băuturi

napitci

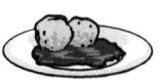

mâncare

jelo

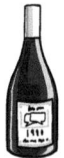

sticlă

boca

fastfood

fastfood

streetfood

imbis hrana

ceainic

čajnik

zaharniță

doza za šećer

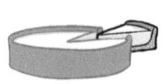

porție

porcija

espressor

aparat za espresso

scaun înalt (pentru copii)

visoka stolica

factură

račun

tavă

pladanj

cuțit

nož

furculiță

vilica

lingură

žlica

linguriță

čajna žlica

șervețel

ubrus

pahar

čaša

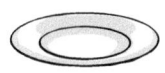

farfurie
....
tanjur

farfurie de supă
....
tanjur za supu

farfurie
....
tanjurić

sos
....
sos

solniță
....
soljenka

râșniță de piper
....
mlin za biber

oțet
....
ocat

ulei
....
ulje

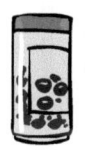

condimente
....
začini

ketchup
....
kečap

muștar
....
senf

maioneză
....
majoneza

![Supermarket scene with a customer pushing a shopping cart]

- ofertă / ponuda
- client / kupac
- produse lactate / mliječni proizvodi
- fructe / voće
- cărucior de cumpărături / kolica za kupnju

măcelărie
mesnica

brutărie
pekarnica

a cântări
vagati

legume
povrće

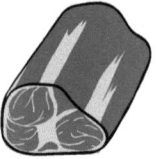

carne
meso

alimente refrigerate
duboko smrznuta hrana

mezeluri şi brânzeturi feliate

narezak

conserve

konzerve

detergent

sredstvo za pranje

dulciuri

slatkiši

articole de menaj

artikli za domaćinstvo

produse de curăţenie

sredstva za čišćenje

vânzătoare

prodavačica

casă

blagajna

casier

blagajnik

listă de cumpărături

lista za kupnju

orar

vrijeme rada

portmoneu

novčanik

carte de credit

kreditna kartica

geantă

torba

pungă de plastic

plastična vrećica

apă

voda

suc

sok

lapte

mlijeko

cola

cola

vin

vino

bere

pivo

alcool

alkohol

cacao

kakao

ceai

čaj

cafea

kava

espresso

espresso

cappucino

cappuccino

banane

banana

măr

jabuka

portocală

naranča

pepene

lubenica

lămâie

limun

morcov

mrkva

usturoi

češnjak

bambus

bambus

ceapă

luk

ciupercă

gljiva

nuci

orašasti plodovi

paste făinoase

rezanci

spagheti

špagete

orez

riža

salată

salata

cartofi prăjiți

pomfrit

cartofi țărănești

pečeni krumpir

pizza

pica

hamburger

hamburger

sandwich

sendvič

șnițel

šnicla

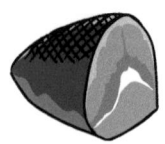

șuncă

pršut

salam

salama

cârnați

kobasica

pui

kokoš

friptură

pečenje

pește

riba

fulgi de ovăz

zobene pahuljice

musli

musli

cereale

kukuruzne pahuljice

făină

brašno

corn

roščić

chifle

pecivo

pâine

kruh

pâine prăjită

toast

biscuiți

keksi

unt

maslac

brânză de vaci

svježi sir

prăjitură

kolač

ou

jaje

ouă ochiuri

jaje na oko

brânză

sir

îngheţată

sladoled

zahăr

šećer

miere

med

marmeladă

marmelada

cremă nuga

nugat krema

curry

curry

gospodărie ţărănească
seosko gazdinstvo

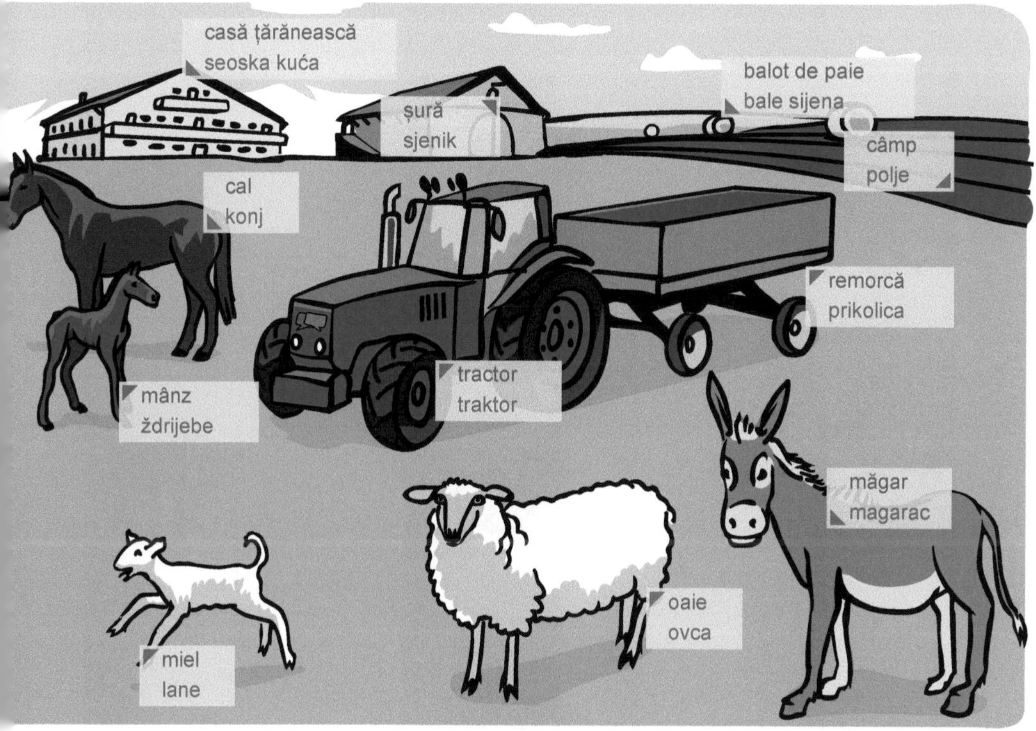
casă ţărănească
seoska kuća
şură
sjenik
balot de paie
bale sijena
câmp
polje
cal
konj
remorcă
prikolica
tractor
traktor
mânz
ždrijebe
măgar
magarac
oaie
ovca
miel
lane

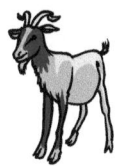

capră
koza

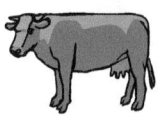

vacă
krava

viţel
tele

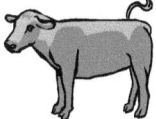

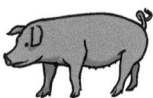

porc
svinja

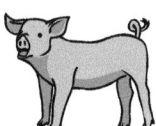

purcel
prase

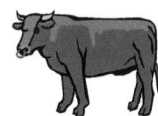

taur
bik

găină
guska

rață
patka

pui
pilići

găină
kokoš

cocoș
pijetao

șobolan
pacov

pisică
mačka

șoarece
miš

bou
vol

câine
pas

cușcă
kućica za psa

furtun de grădină
vrtno crijevo

stropitoare
kanta za polijevanje

coasă
kosa

plug
plug

seceră
srp

sapă
motika

furcă
vilica za gnojivo

secure
sjekira

roabă
tačke

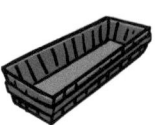

troacă
korito

cană pentru lapte
posuda za mlijeko

sac
vreća

gard
ograda

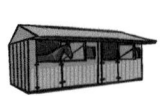

grajd
štala

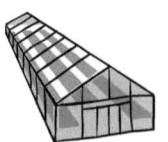

seră
staklenik

sol
zemlja

sămânță
sjeme

fertilizator
gnojivo

combină de treierat
kombajn

a culege

žanjati

recoltă

žetva

cartof yam

yams začin

grâu

pšenica

soia

soja

cartof

krumpir

porumb

kukuruz

rapiță

uljana repica

pom fructifer

voćka

manioc

gomolj manioke

cereale

žitarice

casă
kuća

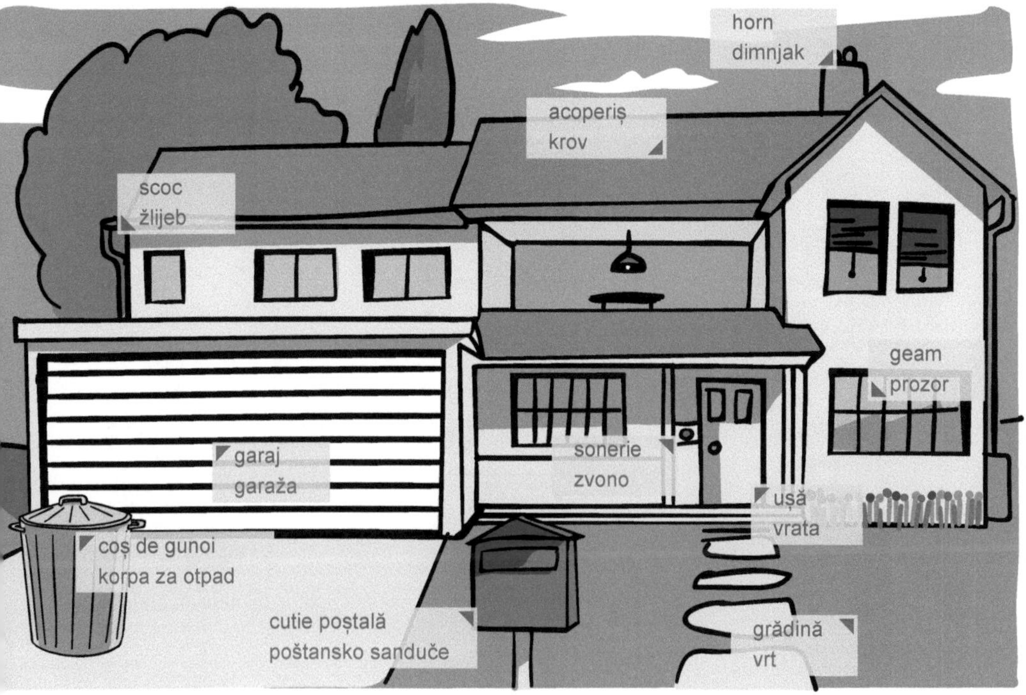
horn
dimnjak
acoperiș
krov
scoc
žlijeb
geam
prozor
sonerie
zvono
garaj
garaža
ușă
vrata
coș de gunoi
korpa za otpad
cutie poștală
poštansko sanduče
grădină
vrt

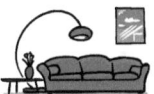

cameră de zi
....
dnevna soba

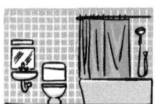

baie
....
kupaonica

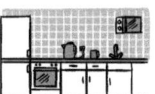

bucătărie
....
kuhinja

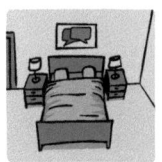

dormitor
....
spavaća soba

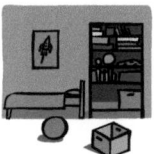

camera copiilor
....
dječija soba

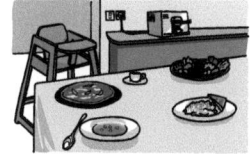

sufragerie
....
trpezarija

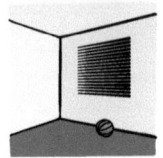

podea

pod

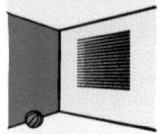

perete

zid

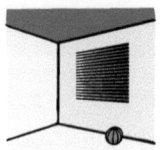

tavan

strop

pivniță

podrum

saună

sauna

balcon

balkon

terasă

terasa

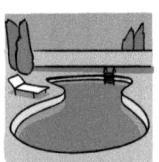

piscină

bazen

mașină de tuns iarba

kosilica za travu

cearșaf

posteljina za krevet

cuvertură

deka za krevet

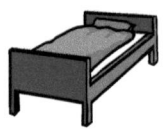

pat

krevet

mătură

metla

găleată

kanta

întrerupător

sklopka

cameră de zi

dnevna soba

tapet
tapeta
pictură
slika
lampă
svjetiljka
raft
regal
dulap
ormar
televizor
televizija
șemineu
kamin
floare
cvijet
pernă
jastuk
sofa
kauč
vază
vaza
telecomandă
daljinski upravljač

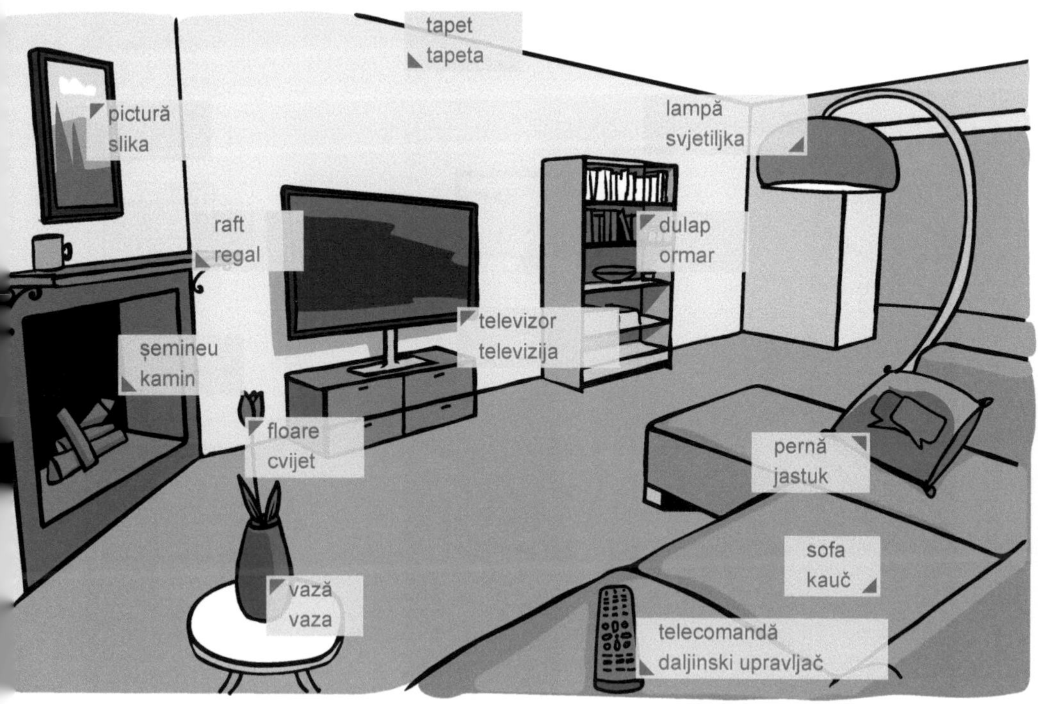

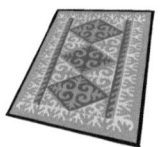

covor

tepih

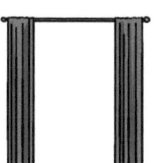

perdea

zavjesa

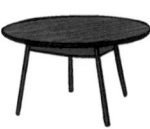

masă

stol

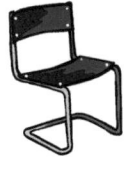

scaun

stolica

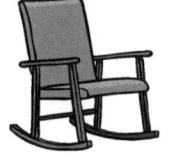

balansoar

stolica za njihanje

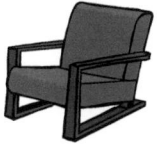

fotoliu

fotelja

carte

knjiga

pătură

deka

decoraţiune

dekoracija

lemn de foc

drvo za ogrjev

film

film

instalaţie stereo

stereo uređaj

cheie

ključ

ziar

novine

desen

slika na platnu

poster

poster

radio

radio

caiet de notiţe

blok za pisanje

aspirator

usisavač

cactus

kaktus

lumânare

svijeća

bucătărie
kuhinja

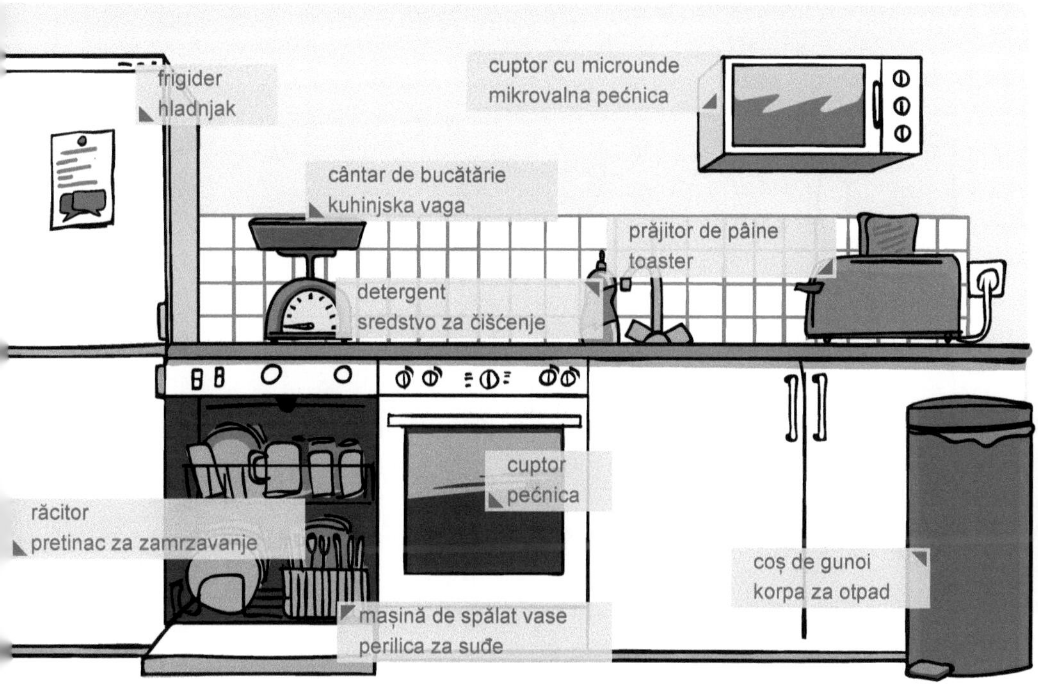

frigider
hladnjak
cuptor cu microunde
mikrovalna pećnica
cântar de bucătărie
kuhinjska vaga
prăjitor de pâine
toaster
detergent
sredstvo za čišćenje
cuptor
pećnica
răcitor
pretinac za zamrzavanje
coș de gunoi
korpa za otpad
mașină de spălat vase
perilica za suđe

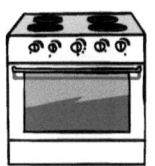

cuptor
štednjak

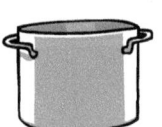

oală
lonac

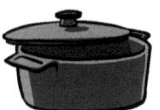

oală de metal
željezni lonac

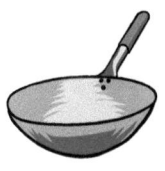

wok/kadai
wok / kadai

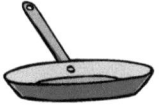

tigaie
tava

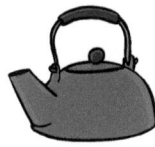

ceainic
kuhalo za vodu

oală de gătit cu aburi

kuhalo na paru

tavă de copt

lim za pečenje

veselă

posuđe

pahar

čaša

bol

zdjela

bețișoare

štapići za jelo

polonic

kutljača

spatulă

lopatica

tel

pjenjača

sită

sito za kuhanje

sită

sito

răzătoare

ribež

mojar

mužar

grătar

roštilj

loc pentru grătar

ognjište

tocător
daska

sucitor
oklagija

tirbușon
vadičep

conservă
konzerva

deschizător de conserve
otvarač konzervi

șervete termice
krpa za lonac

chiuvetă
sudoper

perie
četka

burete
spužva

mixer
mikser

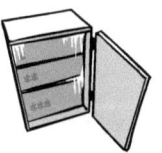

ladă frigorifică
zamrzivač

biberon
bočica za bebe

robinet
slavina za vodu

baie

kupaonica

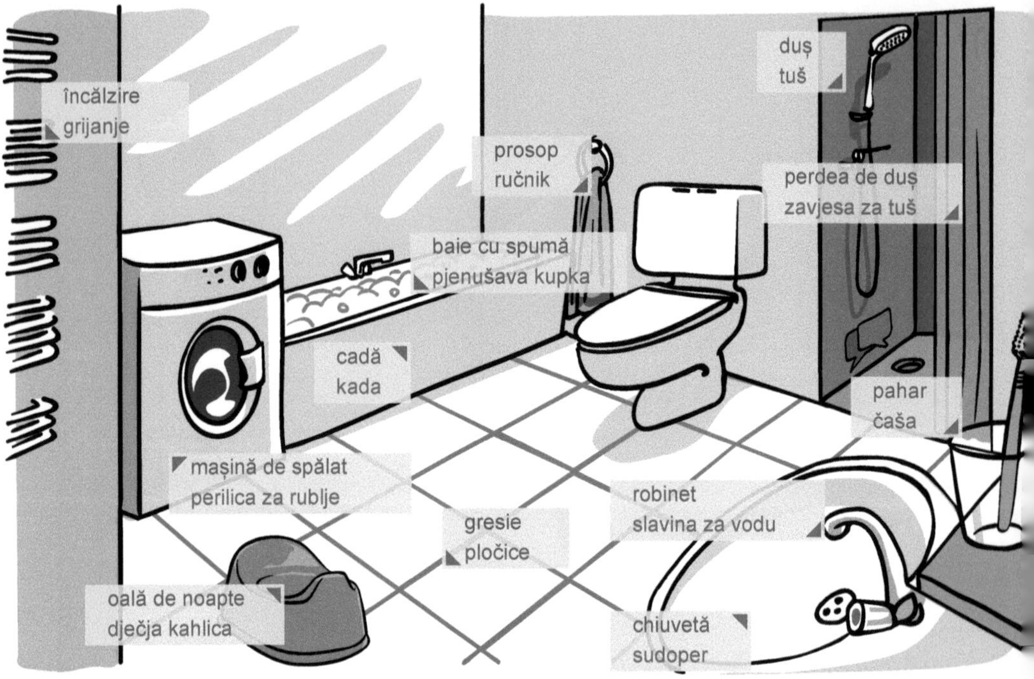

încălzire
grijanje
prosop
ručnik
duș
tuš
perdea de duș
zavjesa za tuš
baie cu spumă
pjenušava kupka
cadă
kada
pahar
čaša
mașină de spălat
perilica za rublje
robinet
slavina za vodu
gresie
pločice
oală de noapte
dječja kahlica
chiuvetă
sudoper

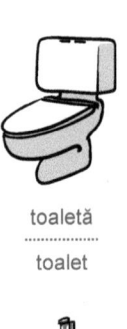

toaletă

toalet

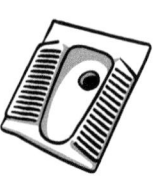

toaletă turcescă

čučavac

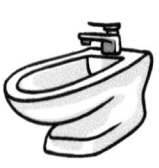

bideu

bidet

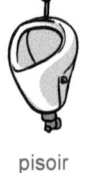

pisoir

pisoar

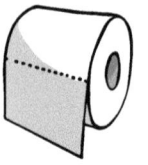

hârtie igienică

papir za toalet

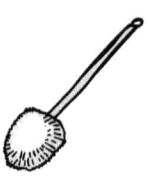

perie de toaletă

četka za toalet

periuță de dinți
....
četkica za zube

pastă de dinți
....
pasta za zube

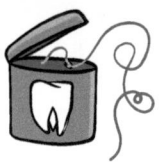

ață dentară
....
konac za zube

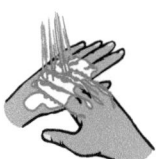

a spăla
....
prati

cap de duș
....
tuš ručica

duș intim
....
tuš za pranje intimnih dijelova

lavoar
....
lavor

perie pentru spate
....
četka za pranje leđa

săpun
....
sapun

gel de duș
....
gel za tуširanje

șampon
....
šampon

cârpă de spălat
....
krpa za pranje

scurgere
....
odvod

cremă
....
krema

deodorant
....
dezodorans

oglindă
ogledalo

oglindă cosmetică
kozmetičko ogledalo

aparat de ras
brijač

spumă de ras
pjena za brijanje

aftershave
losion za poslije brijanja

pieptene
češalj

perie
četka

uscător de păr
sušilo za kosu

fixator
sprej za kosu

machiaj
makeup

ruj
ruž za usne

lac de unghii
lak za nokte

vată
vata

foarfece de unghii
škare za nokte

parfum
parfem

neseser

neseser

taburet

stolica

cântar

vaga

halat de baie

ogrtač

mănuși de cauciuc

rukavice za čišćenje

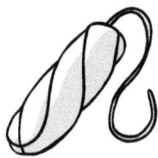

tampon

tampon

tampon

uložak

toaletă chimică

kemijski toalet

camera copiilor

dječija soba

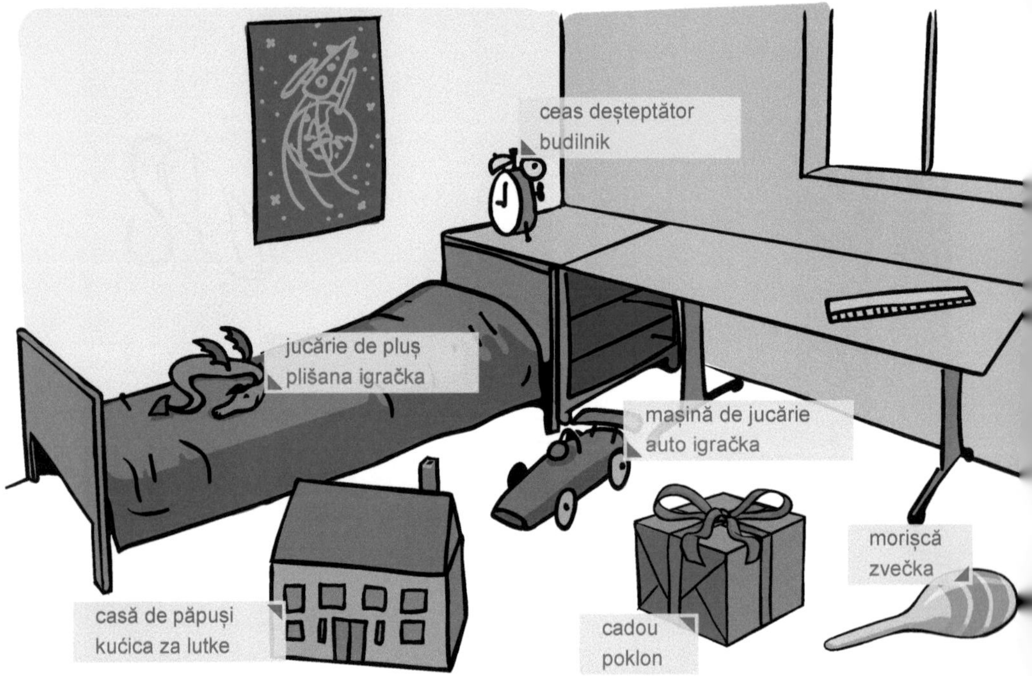

ceas deșteptător
budilnik
jucărie de pluș
plišana igračka
mașină de jucărie
auto igračka
morișcă
zvečka
casă de păpuși
kućica za lutke
cadou
poklon

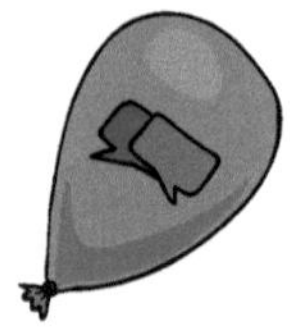

balon

balon

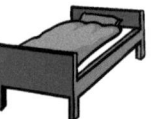

pat

krevet

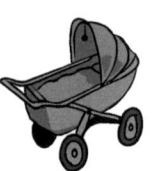

cărucior de copii

dječija kolica

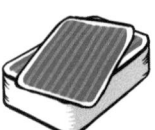

joc de cărți

igra s kartama

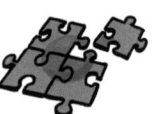

puzzle

slagalica

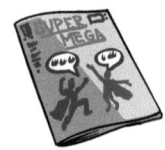

revistă de benzi desenate

strip

cuburi lego

lego kockice

piese pentru construcţii

kockice za slaganje

personaj din filmele de acţiune

akcioni junak

body

kombinezon za bebe

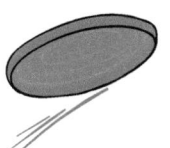

frisbee

frizbi

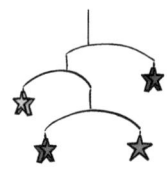

mobil

viseće igračke

joc de societate

društvene igre

zar

kocka

set trenuleţ de jucărie

minijaturna željeznica

suzetă

duda

petrecere

tulum

carte cu poze

slikovnica

minge

lopta

păpuşă

lutka

a se juca

igrati

groapă de nisip

pješčanik

leagăn

ljuljačka

jucării

igračka

consolă video

konzola za igre

tricicletă

tricikl

ursuleț

plišani medo

dulap

ormar

îmbrăcăminte
odjeća

șosete

kratke čarape

ciorapi

čarape

dres

hulahopke

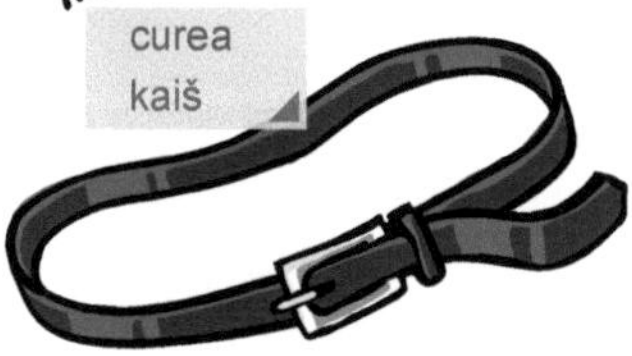

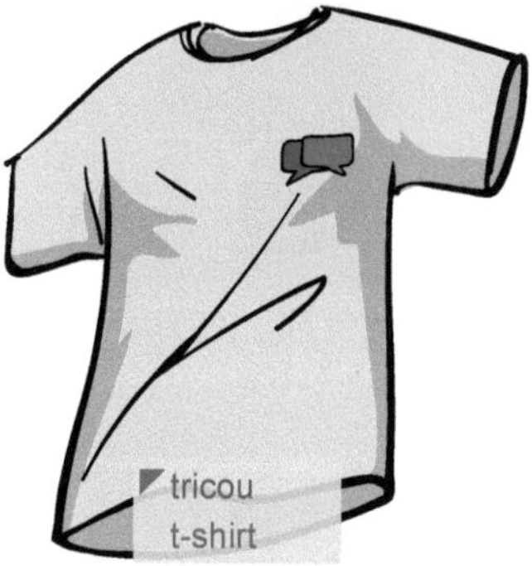

šal
šal

umbrelă
kišobran

tricou
t-shirt

curea
kaiš

cizme
čizme

papuci
papuče

pantofi sport
patike

sandale

sandale

încălțăminte

cipele

cizme de cauciuc

gumene čizme

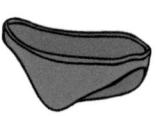

chilot

gaćice

sutien

grudnjak

maiou

potkošulja

îmbrăcăminte - odjeća   45

body
bodi

pantaloni
hlače

blugi
džins

fustă
haljina

bluză
bluza

cămaşă
košulja

pulover
džemper

jerseu
pulover s kapuljačom

sacou
blejzer

jachetă
jakna

palton
kaput

pelerină de ploaie
kabanica

costum
kostim

rochie
haljina

rochie de mireasă
vjenčanica

costum

odijelo

cămașă de noapte

spavaćica

pijama

pidžama

sari

sari

batic

rubac

turban

turban

burka

burka

caftan

kaftan

abaya

abaja

costum de baie

kupaći kostim

șort

kupaće gaćice

pantaloni scurți

kratke hlače

trening

odjeća za trening

șorț

pregača

mănuși

rukavice

nasture

gumb

ochelari

naočale

brăţară

narukvica

lanţ

ogrlica

inel

prsten

cercel

naušnica

căciulă

kapa

umeraş

vješalica

pălărie

šešir

cravată

kravata

fermoar

patent zatvarač

cască

kaciga

bretele

naramenice

uniformă şcolară

školska uniforma

uniformă

uniforma

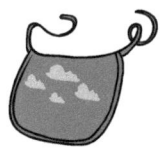

bavețică

podbradak

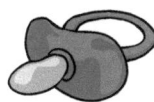

suzetă

duda

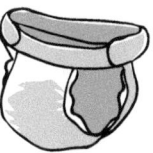

scutec

pelena

birou

ured

server
server
dulap de acte
ormar za spise
imprimantă
pisač
hârtie
papir
monitor
monitor
mouse
miš
masă de birou
pisaći stol
fișier
mapa
tastatură
tipkovnica
coș de gunoi
košara za papir
computer
računar
scaun
stolica

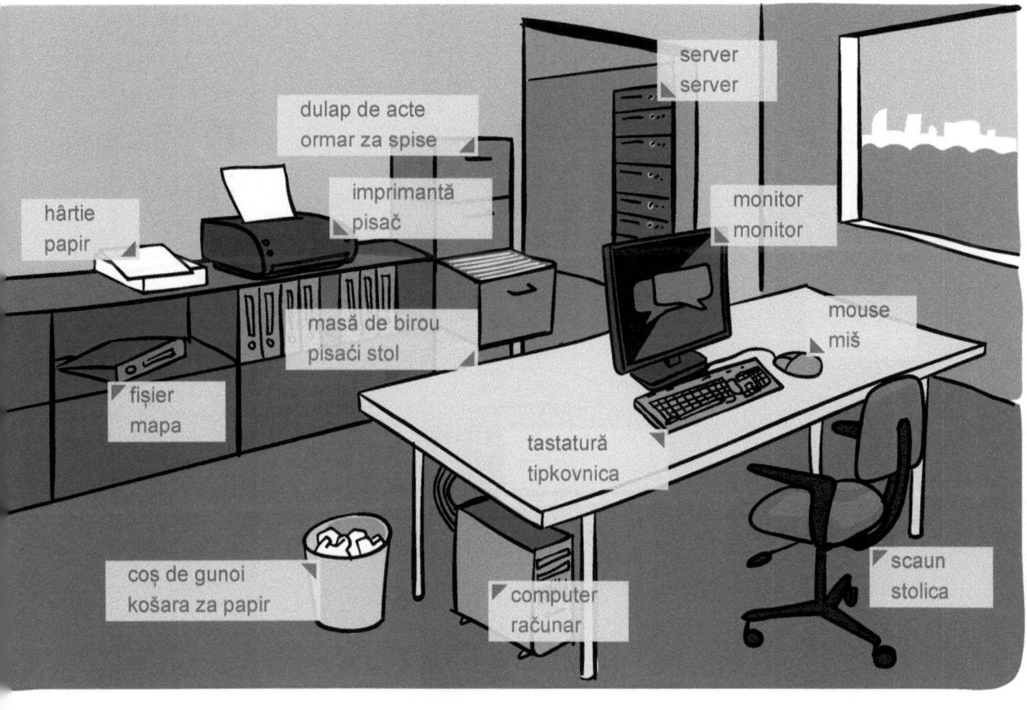

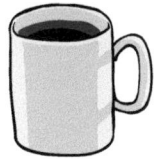

ceașcă de cafea

šalica za kavu

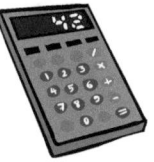

calculator

kalkulator

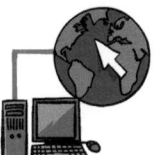

internet

internet

laptop

laptop

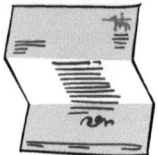

scrisoare

pismo

mesaj

poruka

telefon mobil

mobilni telefon

rețea

mreža

copiator

uređaj za kopiranje

software

softver

telefon

telefon

priză

utičnica

fax

faks

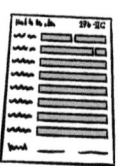

formular

obrazac

document

dokument

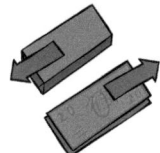

a cumpăra

kupovati

a plăti

platiti

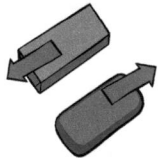

a face comerț

trgovati

bani

novac

Dolar

dolar

Euro

euro

Yen

jen

Rublă

rubalj

Franc Elvețian

švicarski franak

renminbi yuan

renmindbi yuan

Rupie

rupija

bancomat

automat za novac

casă de schimb valutar

mjenjačnica

aur

zlato

argint

srebro

petrol

nafta

energie

energija

preț

cijena

contract

ugovor

impozit

porez

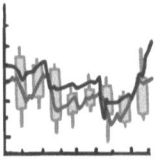

acțiune

dionica

a munci

raditi

angajat

službenik

angajator

poslodavac

fabrică

tvornica

magazin

prodavaonica

ocupații
zanimanja

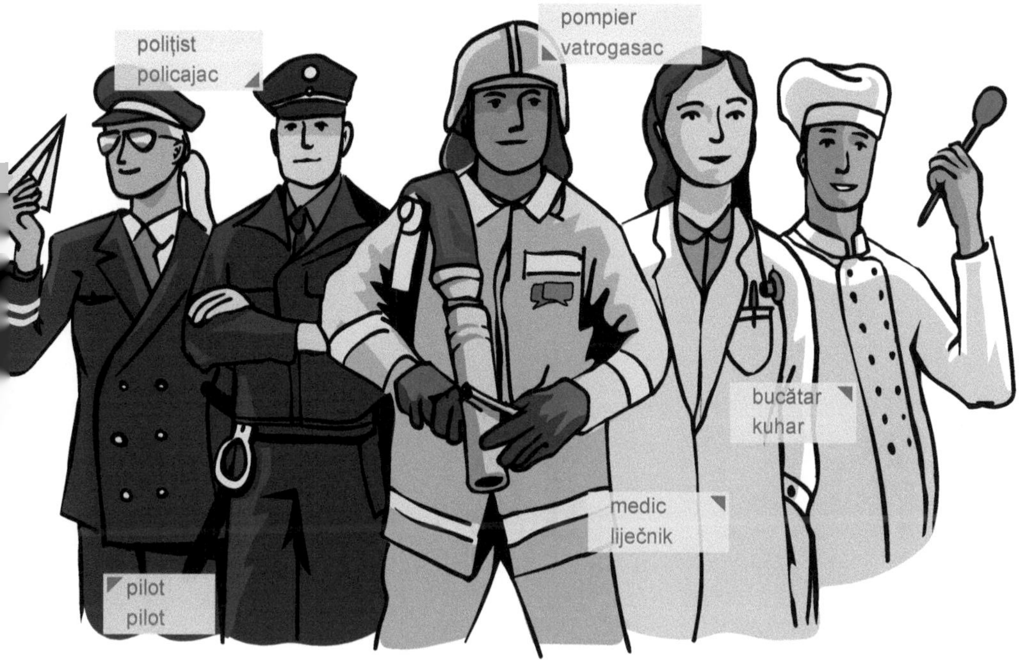

pompier
vatrogasac
polițist
policajac
bucătar
kuhar
medic
liječnik
pilot
pilot

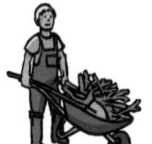

grădinar

vrtlar

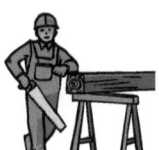

tâmplar

stolar

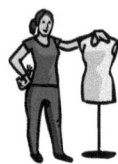

cusătoreasă

krojačica

judecător

sudija

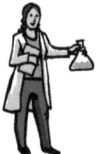

chimist

kemičar

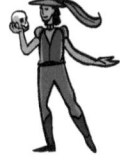

actor

glumac

șofer de autobuz

vozač autobusa

șofer de taxi

vozač taksija

pescar

ribar

femeie de serviciu

čistačica

tinichigiu

krovopokrivač

chelnăr

konobar

vânător

lovac

pictor

slikar

brutar

pekar

electrician

električar

muncitor în construcții

građevinski radnik

inginer

inženjer

măcelar

mesar

instalator

limar

poștaș

poštar

soldat

vojnik

arhitect

arhitekta

casier

blagajnik

florar

cvjećar

frizer

frizer

controlor

kondukter

mecanic

mehaničar

căpitan

kapetan

stomatolog

zubar

om de știință

znanstvenik

rabin

rabi

imam

imam

călugăr

monah

preot

svećenik

instrumente

alati

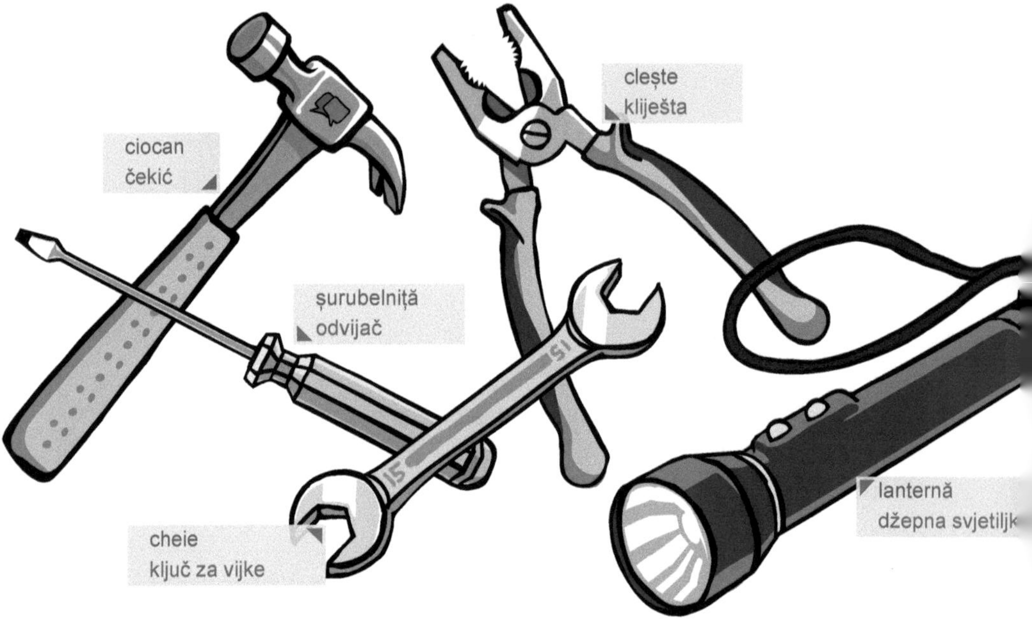

ciocan
čekić
clește
kliješta
șurubelniță
odvijač
cheie
ključ za vijke
lanternă
džepna svjetiljk

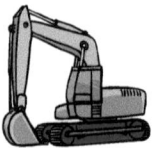

excavator

rovokopač

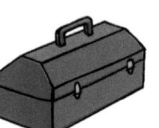

cutie de scule

kutija za alat

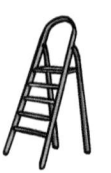

scară

ljestve

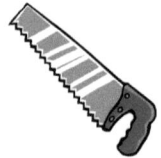

ferăstrău

pila

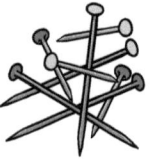

cuie

ekser

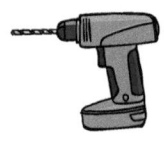

burghiu

bušilica

a repara	lopată	La naiba!
popraviti	lopata	Sranje!

făraș	vas pentru vopsea	șuruburi
lopatica	lonac za boju	vijci

instrumente muzicale
glazbeni instrument

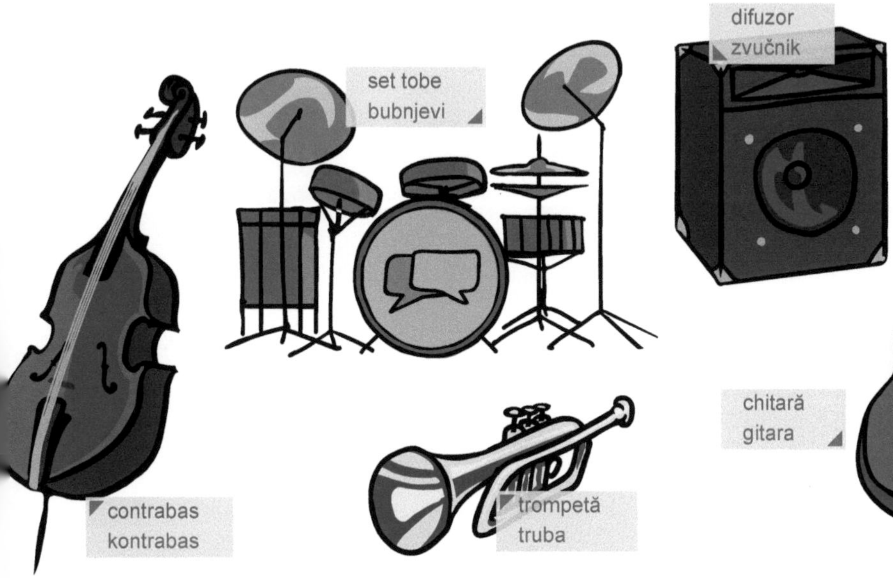

difuzor
zvučnik

set tobe
bubnjevi

chitară
gitara

contrabas
kontrabas

trompetă
truba

pian

klavir

vioară

violina

bas

bas

trombon

timpani

tobă

udaraljke za bubnjeve

keyboard

keyboard

saxofon

saksofon

fluier

flauta

microfon

mikrofon

grădină zoologică
zoološki vrt

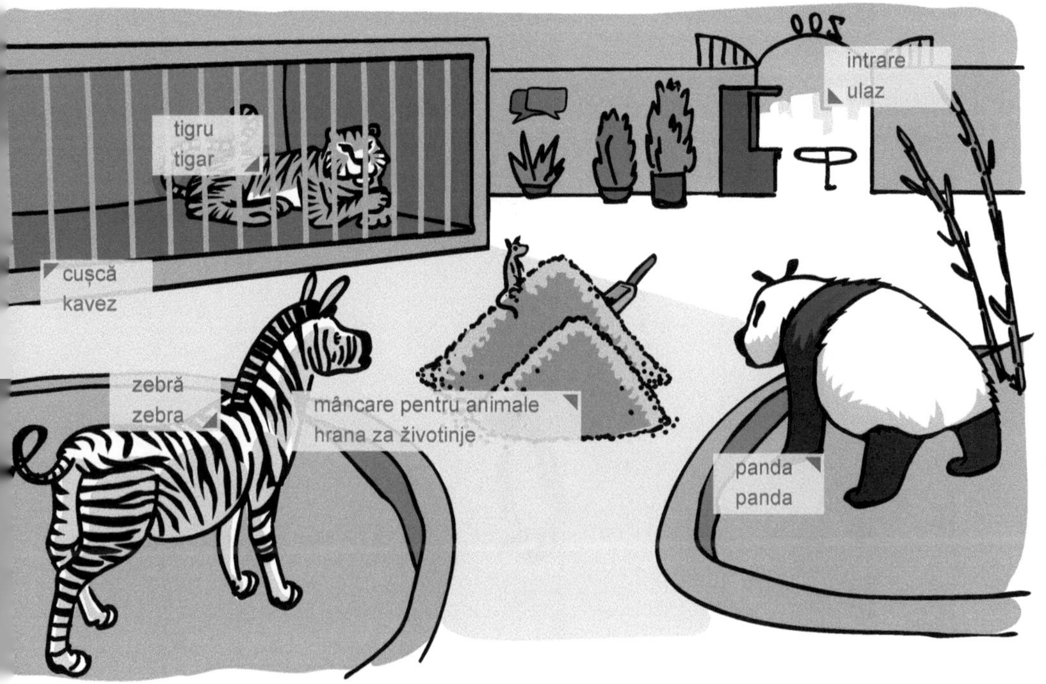

intrare
ulaz
tigru
tigar
cușcă
kavez
zebră
zebra
mâncare pentru animale
hrana za životinje
panda
panda

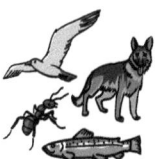

animale
životinje

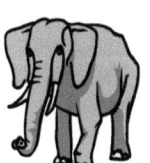

elefant
slon

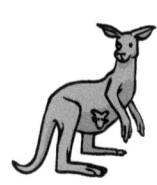

cangur
kengur

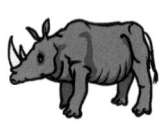

rinocer
nosorog

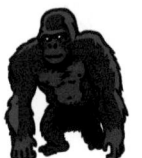

gorilă
gorila

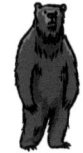

urs
medvjed

cămilă

kamila

struț

noj

leu

lav

maimuță

majmun

flamingo

flamingo

papagal

papagaj

urs polar

polarni medvjed

pinguin

pingvin

rechin

ajkula

păun

paun

șarpe

zmija

crocodil

krokodil

îngrijitor grădina zoologică

čuvar u zoološkom vrtu

focă

tuljan

jaguar

jaguar

ponei

poni

leopard

leopard

hipopotam

nilski konj

girafă

žirafa

acvilă

orao

porc mistreț

divlja svinja

pește

riba

broască țestoasă

kornjača

morsă

morž

vulpe

lisica

gazelă

gazela

fotbal american
americki nogomet

ciclism
biciklizam

tenis
tenis

basketball
košarka

înot
plivanje

box
boks

hockey pe gheață
hockey na ledu

fotbal
nogomet

badminton
badminton

atletism
atletika

handbal
rukomet

schi
skijanje

polo
polo

activități
aktivnosti

a sări
skočiti
a îmbrățișa
zagrliti
a râde
smijati se
a merge
ići
a cânta
pjevati
a visa
sanjati
a se ruga
moliti se
a săruta
poljubiti

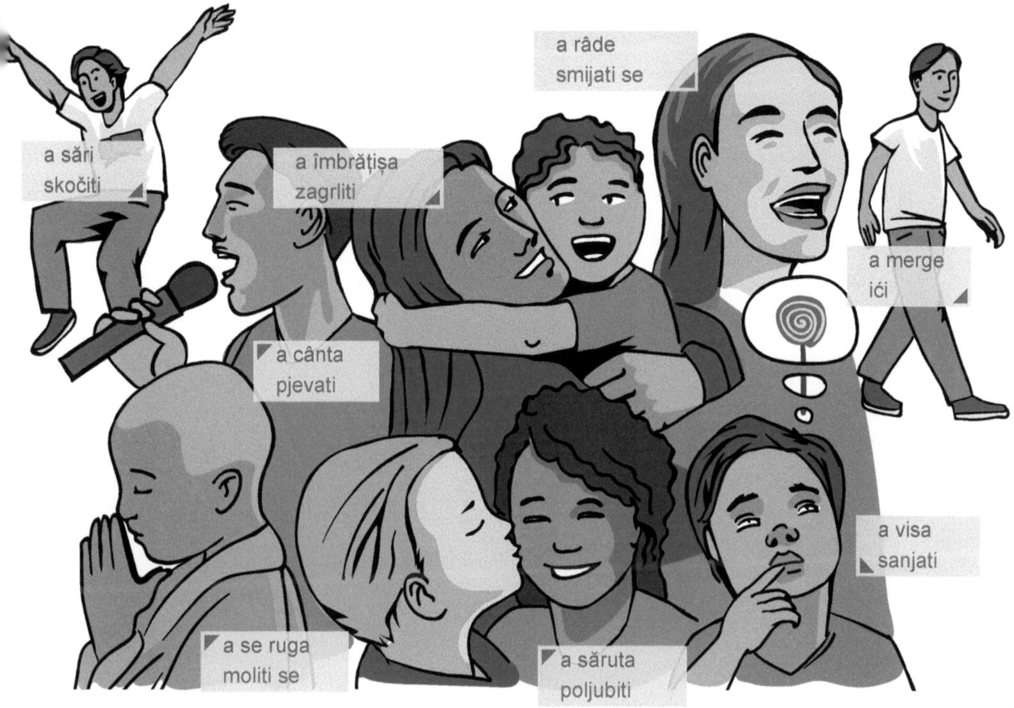

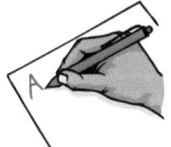

a scrie
pisati

a desena
crtati

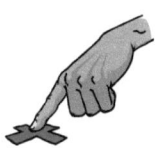

a arăta
pokazati

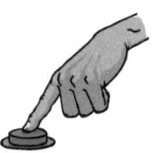

a împinge
gurati

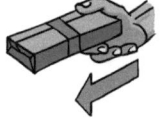

a da
dati

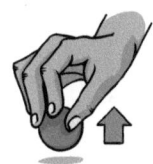

a lua
uzeti

a avea

imati

a face

činiti

a fi

biti

a sta în picioare

stojati

a fugi

trčati

a trage

povlačiti

a arunca

baciti

a cădea

padati

a sta întins

ležati

a aștepta

čekati

a purta

nositi

a ședea

sjediti

a se îmbrăca

oblačiti

a dormi

spavati

a se trezi

probuditi se

a privi

gledati

a plânge

plakati

a mângâia

milovati

a se pieptăna

češljati

a vorbi

govoriti

a înţelege

razumjeti

a întreba

pitati

a asculta

slušati

a bea

piti

a mânca

jesti

a face ordine

pospremiti

a iubi

voljeti

a găti

kuhati

a conduce

voziti

a zbura

letjeti

a naviga

ploviti

a calcula

računati

a citi

čitati

a învăța

učiti

a munci

raditi

a se căsători

vjenčati se

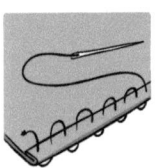

a coase

šiti

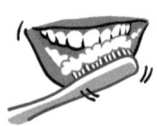

a se spăla pe dinți

prati zube

a ucide

ubiti

a fuma

pušiti

a trimite

poslati

bunică
baka

bunic
djed

tată
otac

mamă
majka

bebeluș
beba

soră
kćerka

fiu
sin

oaspete
....
gost

mătușă
....
tetka

unchi
....
ujak, stric

frate
....
brat

soră
....
sestra

corp

tijelo

frunte
čelo
ochi
oko
umăr
rame
deget
prst
fată
lice
bărbie
brada
mână
ruka
picior
noga
piept
grudi
braț
ruka

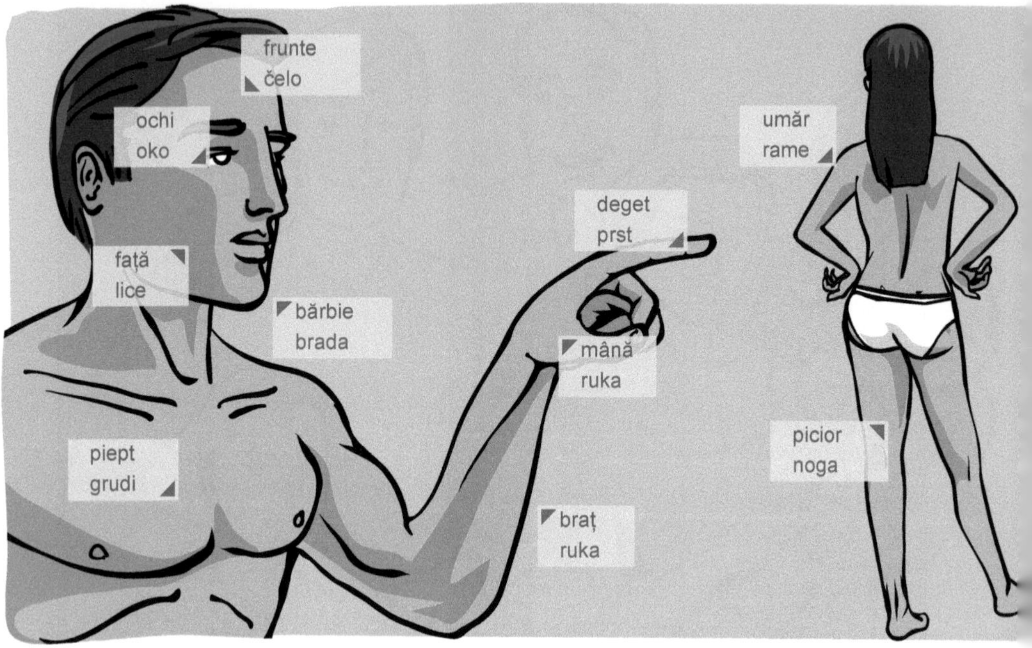

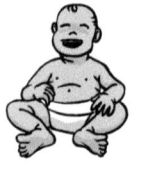

bebeluș

beba

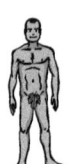

bărbat

muškarac

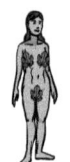

femeie

žena

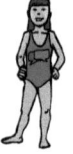

fată

djevojčica

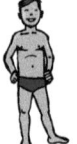

băiat

dječak

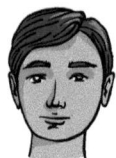

cap

glava

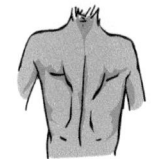

spate

leđa

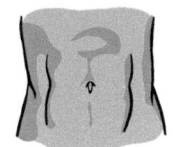

abdomen

trbuh

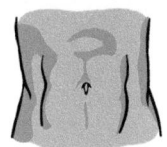

ombilic

pupak

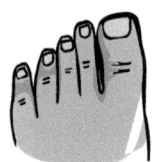

deget de la picior

nožni prst

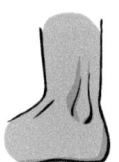

călcâi

peta

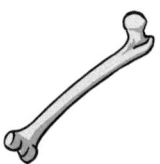

os

kost

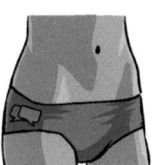

șold

kuk

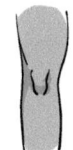

genunchi

koljeno

cot

lakat

nas

nos

fund

stražnjica

piele

koža

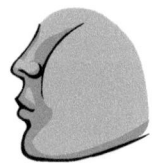

obraz

obraz

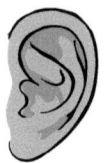

ureche

uho

buză

usna

gură
usta

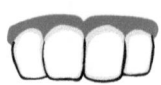

dinte
zub

limbă
jezik

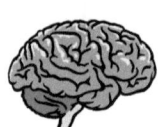

creier
mozak

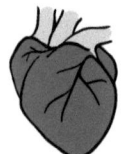

inimă
srce

muşchi
mišić

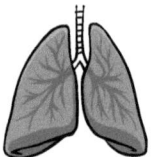

plămân
pluća

ficat
jetra

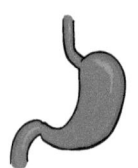

stomac
želudac

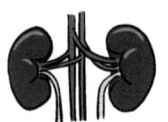

rinichi
bubrezi

sex
snošaj

prezervativ
kondom

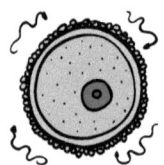

ovul
jajna stanica

spermă
sperma

sarcină
trudnoća

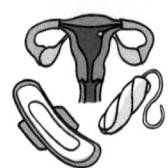

menstruaţie

menstruacija

vagin

vagina

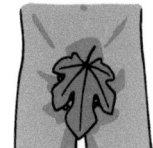

penis

penis

sprânceană

obrva

păr

kosa

gât

vrat

spital
bolnica

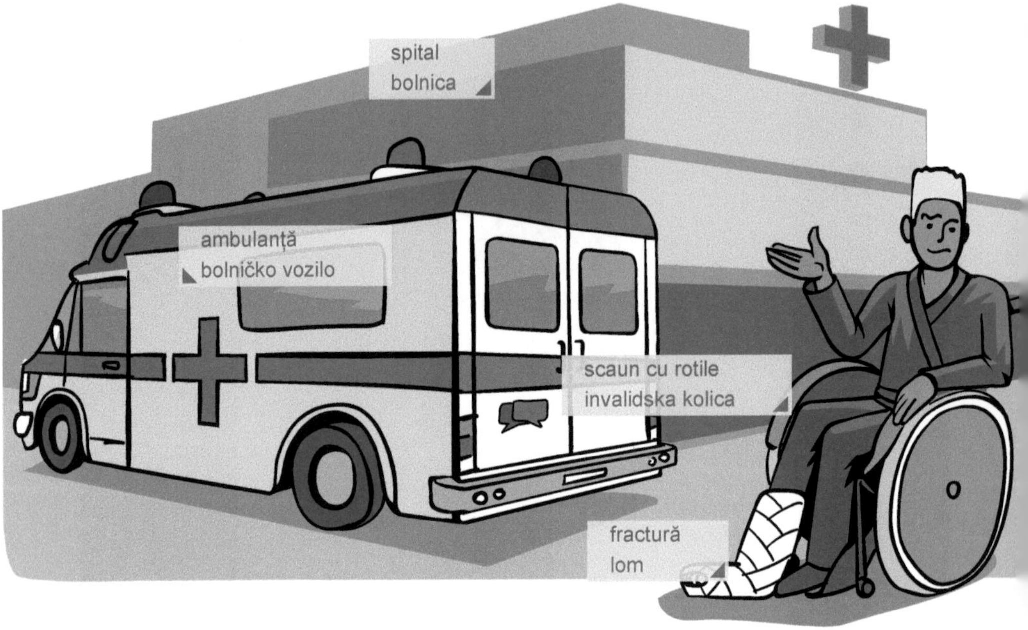

spital
bolnica
ambulanță
bolničko vozilo
scaun cu rotile
invalidska kolica
fractură
lom

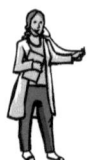

medic

lijećnik

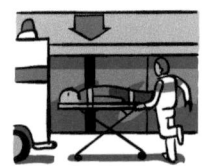

unitate de primiri urgențe

hitna medicinska služba

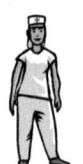

soră medicală

medicinska sestra

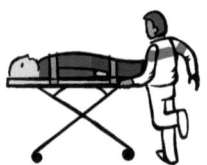

urgență

hitni slučaj

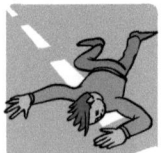

inconștient

nesvijest

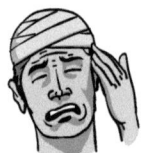

durere

bol

leziune

ozljeda

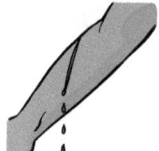

sângerare

krvarenje

infarct miocardic

srćani infarkt

atac cerebral

moždani udar

alergie

alergija

tuse

kašalj

febră

groznica

gripă

gripa

diaree

proljev

durere de cap

glavobolja

cancer

rak

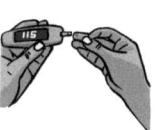

diabet

dijabetes

chirurg

kirurg

scalpel

skalpel

operație

operacija

CT
ct

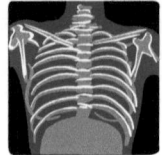

raze Röntgen
rentgen

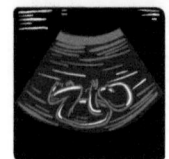

ultrasunet
ultrazvuk

mască
maska

boală
bolest

sală de așteptare
čekaonica

cârjă
štaka

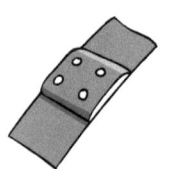

plasture
flaster

bandaj
zavoj

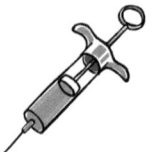

injecție
injekcija

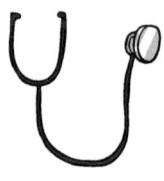

stetoscop
stetoskop

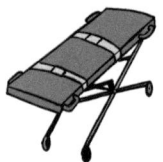

targă
nosilo

termometru
termometar

naștere
rođenje

supraponderabilitate
prekomjerna težina

aparat auditiv

slušni aparat

dezinfectant

sredstvo za dezinfekciju

infecție

infekcija

virus

virus

HIV/SIDA

hiv / sida

medicină

medicina

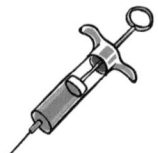

vaccin

vakcinacija

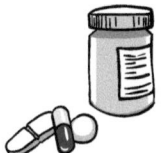

tablete

tablete

pastilă

pilula

apel de urgență

poziv u pomoć

aparat de măsurare a
presiunii arteriale

uređaj za mjerenje tlaka

bolnav/sănătos

bolesno / zdravo

Ajutor!

pomoć!

alarmă

alarm

agresiune

nasrtaj

atac

napad

pericol

opasnost

ieşire de urgenţă

izlaz za nuždu

Foc!

požar!

extinctor

vatrogasni aparat

accident

nezgoda

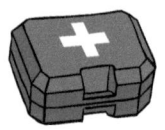

trusă de prim-ajutor

kofer prve pomoći

SOS

sos

poliţie

policija

Europa

Europa

America de Nord

sjeverna amerika

America de Sud

južna amerika

Africa

Afrika

Asia

Azija

Australia

Australija

Altantic

Atlantik

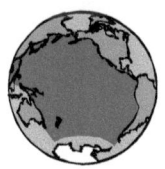

Pacific

Pacifik

Oceanul Indian

ocean

Oceanul Antarctic

antarktički ocean

Oceanul Arctic

arktički ocean

Polul Nord

sjeverni pol

Polul Sud

južni pol

Antarctica

Antarktik

pământ

zemlja

țară

zemlja

mare

more

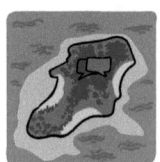

insulă

otok

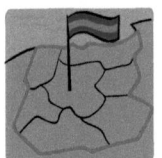

națiune

nacija

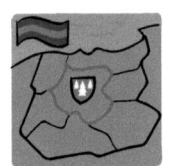

stat

država

cadran
brojčanik sata

orar
satna kazaljka

minutar
minutna kazaljka

secundar
sekundna kazaljka

Cât e ceasul?
Koliko je sati?

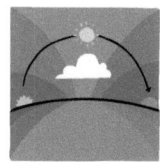

zi
dan

timp
vrijeme

acum
sada

cead digital
digitalni sat

minut
minuta

oră
sat

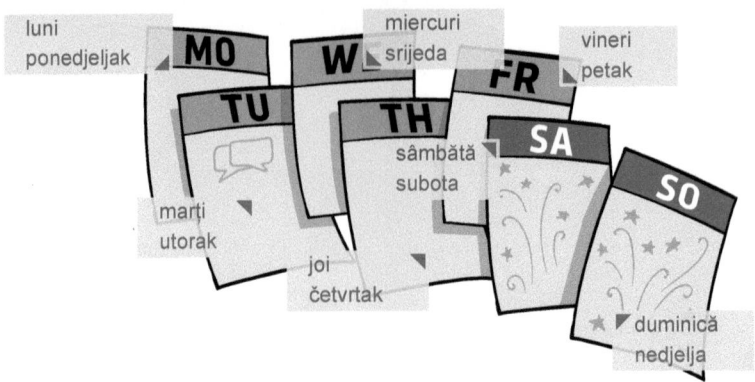

luni
ponedjeljak

miercuri
srijeda

vineri
petak

marţi
utorak

joi
četvrtak

sâmbătă
subota

duminică
nedjelja

ieri
....
jučer

azi
....
danas

mâine
....
sutra

dimineaţă
....
jutro

amiază
....
podne

seară
....
večer

MO	TU	WE	TH	FR	SA	SU
1	2	3	4	5	6	7
8	9	10	11	12	13	14
15	16	17	18	19	20	21
22	23	24	25	26	27	28
29	30	31	1	2	3	4

zile lucrătoare
....
radni dani

MO	TU	WE	TH	FR	SA	SU
1	2	3	4	5	6	7
8	9	10	11	12	13	14
15	16	17	18	19	20	21
22	23	24	25	26	27	28
29	30	31	1	2	3	4

week-end
....
vikend

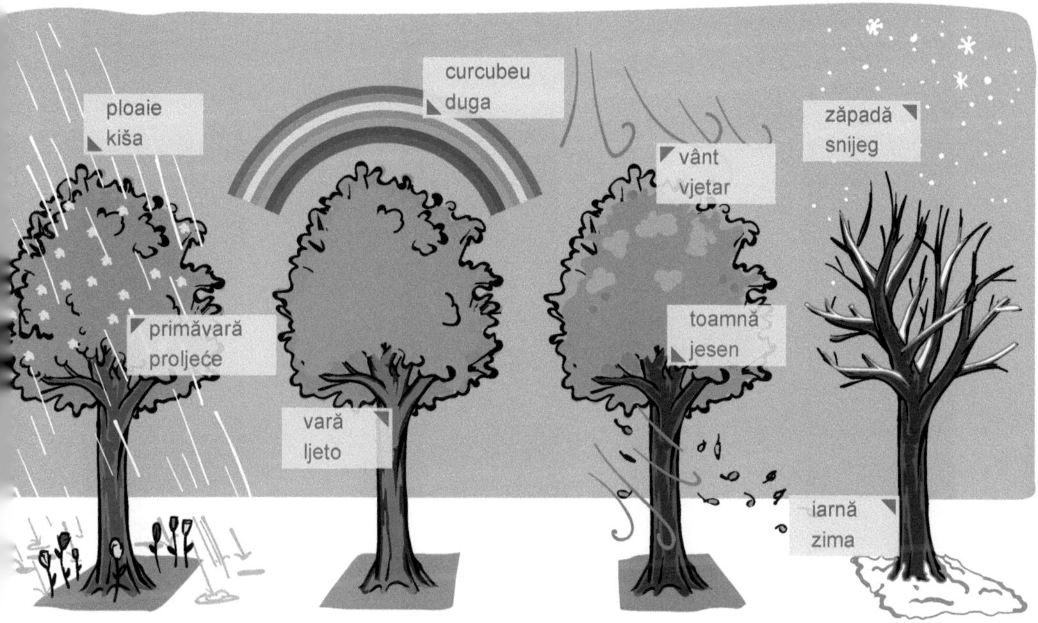

ploaie
kiša
curcubeu
duga
zăpadă
snijeg
vânt
vjetar
primăvară
proljeće
toamnă
jesen
vară
ljeto
iarnă
zima

4.APRIL 11°
5.APRIL 4°
6.APRIL 13°
7.APRIL 8°
8.APRIL 10°

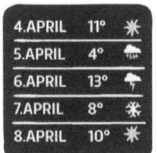

prognoză meteo

meteorološka prognoza

F C
120 40
90 30
60 20
30 10
0 0
-30 -10
-20

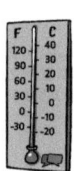

termometru

termometar

lumina soarelui

sunčana svjetlost

nor

oblak

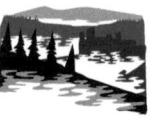

ceață

magla

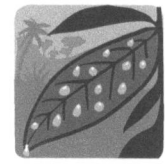

umiditate a aerului

vlažnost zraka

fulger
munja

tunet
grmljavina

furtună
oluja

grindină
tuča

muson
monsun

inundaţie
poplava

gheaţă
led

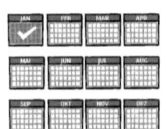

ianuarie
siječanj

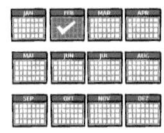

februarie
veljača

martie
ožujak

aprilie
travanj

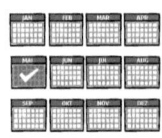

mai
svibanj

iunie
lipanj

iulie
srpanj

august
kolovoz

an - godina

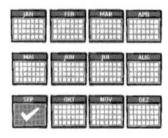

septembrie
....
rujan

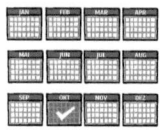

octombrie
....
listopad

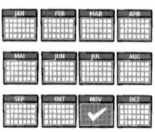

noiembrie
....
studeni

decembrie
....
prosinac

forme
oblici

cerc
....
krug

pătrat
....
kvadrat

dreptunghi
....
pravokutnik

triunghi
....
trokut

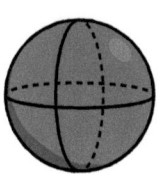

sferă
....
kugla

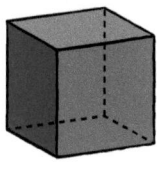

cub
....
kocka

alb

bijela

galben

žuta

portocaliu

narančasta

roz

ružičasta

roșu

crvena

violet

ljubičasta

albastru

plava

verde

zelena

maro

smeđa

gri

siva

negru

crna

mult/puțin

mnogo / malo

furios/calm

ljutito / mirno

frumos/urât

lijepo / ružno

început/sfârșit

početak / kraj

mare/mic

veliko / maleno

luminos/întunecat

svijetlo / tamno

frate/soră

brat / sestra

curat/murdar

čisto / prljavo

complet/incomplet

potpuno / nepotpuno

zi/noapte

dan / noć

mort/viu

mrtvo / živo

lat/strâmt

široko / usko

comestibil/necomestibil

jestivo / nejestivo

rău/prietenos

zlo / dobro

emoționat/plictisit

uzbuđeno / dosadno

gras/slab

debelo / mršavo

primul/ultimul

na početku / na kraju

prieten/inamic

prijatelj / neprijatelj

plin/gol

puno / prazno

tare/moale

tvrdo / mekano

greu/ușor

teško / lagano

foame/sete

glad / žeđ

bolnav/sănătos

bolesno / zdravo

ilegal/legal

ilegalno / legalno

inteligent/stupid

pametno / glupo

stânga/drepta

lijevo / desno

aproape/departe

blizu / daleko

nou/uzat

novo / rabljeno

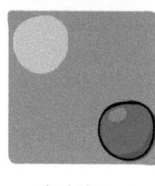

nimic/ceva

ništa / nešto

bătrân/tânăr

staro / mlado

pornit/oprit

uključeno / isključeno

deschis/închis

otvoreno / zatvoreno

încet/tare

tiho / glasno

bogat/sărac

bogato / siromašno

corect/fals

točno / pogrešno

aspru/neted

hrapavo / glatko

trist/fericit

tužno / sretno

lung/scurt

kratko / dugo

încet/repede

polako / brzo

ud/uscat

mokro / suho

cald/rece

toplo / hladno

război/pace

rat / mir

0

zero

nula

1

unu

jedan

2

doi

dva

3

trei

tri

4

patru

četiri

5

cinci

pet

6

șase

šest

7

șapte

sedam

8

opt

osam

9

nouă

devet

10

zece

deset

11

unsprezece

jedanaest

12

douăsprezece

dvanaest

13

treisprezece

trinaest

14

paisprezece

četrnaest

15

cincisprezece

petnaest

16

șaisprezece

šestnaest

17

șaptesprezece

sedamnaest

18

optsprezece

osamnaest

19

nouăsprezece

devetnaest

20

douăzeci

dvadeset

100

o sută

stotinu

1.000

o mie

tisuću

1.000.000

un milion

milijun

engleză
engleski

engleză americană
američko engleski

chineza mandarină
kinesko mandarinski

hindi
hindi

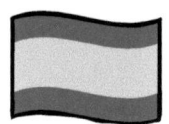

spaniolă
španjolski

franceză
francuski

arabă
arapski

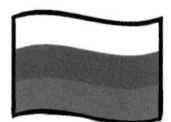

rusă
ruski

protugheză
portugalski

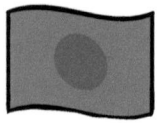

bengaleză
bengalski

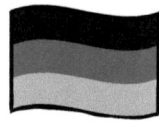

germană
njemački

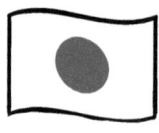

japoneză
japanski

eu

ja

tu

ti

el/ea

on / ona / ono

noi

mi

voi

vi

ea

oni

cine?

tko?

ce?

što?

cum?

kako?

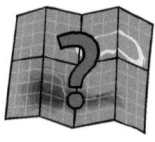

unde?

gdje?

când?

kada?

nume

ime

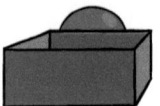

în spate

iza

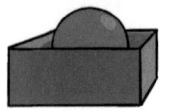

în

u

înainte

ispred

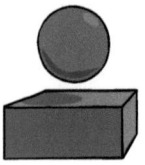

peste

preko

pe

na

sub

ispod

lângă

pored

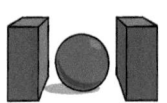

între

između

loc

mjesto